目  录

卖火柴的小女孩

1．写一写：

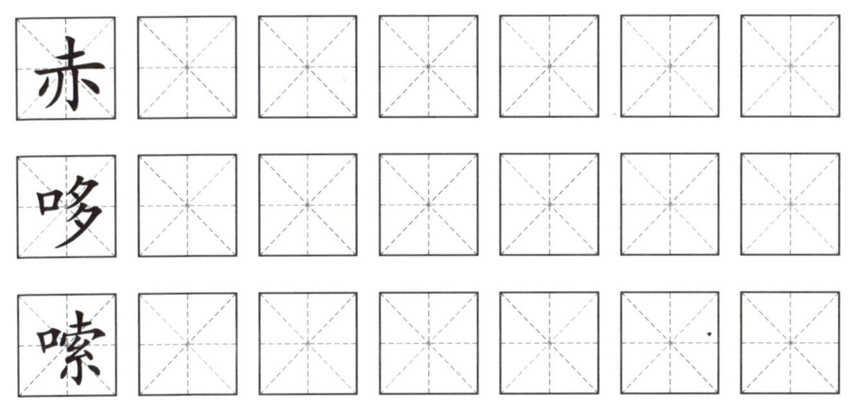

2．选字填空：

在又冷又黑的晚上，一个光着头＿＿（赤　亦）着脚的小女孩在街上走着，一双小脚＿＿（冻　炼）得红一块青一块的。她的旧围＿＿（群　裙）里装着许多火柴，手里还拿着一把。她又冷又饿，哆哆＿＿（缩缩　嗦嗦）地向前走。她在一座房子的墙角里坐下来，冷得＿＿（缩　宿）成一团。可＿＿（铃　怜）的小女孩。

3.填空：

五______裙子　　三______火柴

一______香味　　两______蜡烛

一______火光　　一______墙

几______鹅　　四______圣诞树

4.照例子改写句子：

例：人们都没有买过她一根火柴。(谁)

谁都没有买过她一根火柴。

(1)我们都知道他是一位有名的科学家。(谁)

______

(2)大家都没听懂他在说什么。(谁)

______

(3)全校的老师和学生都知道她能歌善舞。(谁)

______

(4)这么精彩的电影，大家都爱看。(谁)

______

5 .造句：

哆嗦 ______________________________

暖和 ______________________________

透明 ______________________________

6 .朗读课文。

1.写一写：

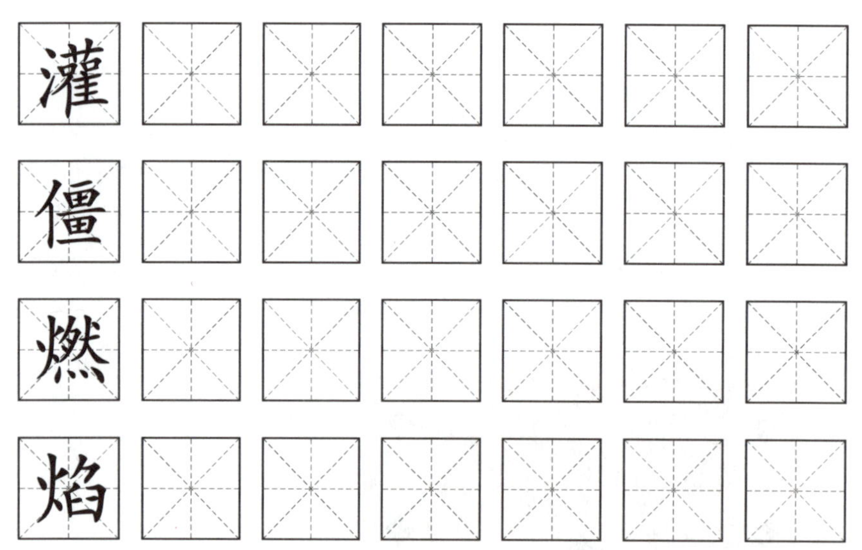

2.比一比，再组词语：

移（　　）	然（　　）
哆（　　）	燃（　　）
焰（　　）	拢（　　）
稻（　　）	咙（　　）

3.选词语填空：

(1)中国的江南四季如春，气候______。(温暖 暖和)

(2)我们要______别人的劳动。(尊重 尊敬)

(3)我______将来当一名宇航员。(愿望 希望)

(4)这本书______高年级学生阅读。(适合 适当)

(5)爱读书、多读书，知识就会______起来。(丰富 丰收)

4.标出下列句子的先后顺序：

( )后来，他驮(tuó)着棉花过河。

( )盐溶(róng)化了，他站起来时，觉得轻松多了，很高兴。

( )心想，再跌倒站起来，一定也会轻松许多，就故意滑倒了。

( )有头驴驮(tuó)盐过河，不小心滑倒在河里。

(　)不料，棉花吸饱水后，他再也站不起来，在河里淹死了。

5.阅读短文，判断句子，对的打“√”，错的打“×”：

从前，有一个美丽的姑娘，名叫玛莉(mǎ lì)。她每天帮别人挤牛奶。她是一个聪明能干、活泼可爱的姑娘，主人很喜欢她。

有一天，她干完活儿，主人见她干得那么认真，就送给她一桶新鲜牛奶。玛莉(mǎ lì)高兴极了，谢过主人，提着牛奶桶回家了。坐在家里，她盘算着：这一桶牛奶大约可以卖三块钱，三块钱可以买50个鸡蛋。鸡蛋买回来后，我去向主人借母鸡，他一定愿意借给我。那么，我这些鸡蛋最少可以孵(fū)出30多只小鸡来。小鸡长大了，可以卖个好价钱。我至少可以得到50元。这样，我就可以买一件好衣服，一顶漂亮的帽子，还有一条美丽的领带。我穿上新衣服，戴上新帽子，系上新领带，多么漂亮啊！人人都会夸我的。圣诞节的晚上，我就这样打扮好，去参加圣诞舞会，准有许多年轻漂亮的小伙子邀请我跳舞，说不定还有人向我求婚呢。这时，我就这么一转身，一个都不答应。

想到这儿，她不知不觉地把身子转了一下，“哗啦”一声，牛奶桶碰倒了。牛奶洒了一地，玛莉(mǎ lì)也惊呆了。

(1)玛莉(mǎ lì)家养了不少牛，她天天去挤牛奶。( )

(2)玛莉(mǎ lì)提着一桶牛奶去卖，结果卖了三块钱。( )

(3)主人借了一只母鸡给玛莉(mǎ lì)。( )

(4)玛莉(mǎ lì)穿上新衣服，戴上新帽子，系上新领带，小伙子们都来请她跳舞。( )

(5)玛莉(mǎ lì)的牛奶桶碰倒了，牛奶洒了一地，她的计划落空了。( )

6 .把第 5 题的短文缩写成 100 字左右的一段话：

1.写一写：

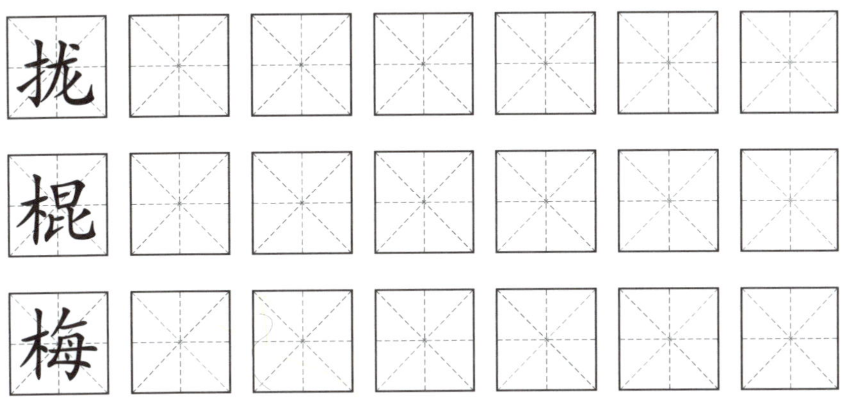

2.画出下列句子中的错别字，把正确的字写在(　)里：

(1)她把小手扰在火焰上，不一会儿，她手里只剩下一跟烧过的火柴棍。(　　)(　　)

(2)那张桌上辅着雪白的台布，肚子里填满了平果和每子的烤鹅正冒着香气。(　　)(　　)(　　)(　　)

3.给下面一段话加上标点符号：

奶奶 小孩跪着叫起来 啊 请把我带走吧 我知道 火柴一灭 您将会不见的 像那暖和的火炉 喷香的烤鹅 美丽的圣诞树一样 就会不见的

4.完成句子：

(1)____，
但我还是觉得很冷。

(2)因为她想把奶奶留住，____________________
____。

(3)____，
都会喜欢听这个故事的。

(4)________________________________，就能看懂。

(5)尽管我们不常见面，______________________。

5.造句：

再说 ____________________

简直 ____________________

赶紧 ____________________

6.把下面的诗朗诵给爸爸、妈妈听：

你别问我这是为什么

妈妈给我两块蛋糕，
我悄悄地留下了一个。
你别问，这是为了什么？

爸爸给我穿上棉衣，
我一定好好爱惜。
你别问，这是为了什么？

哥哥给我几张卡片，
我选出最美丽的一张。
你别问，这是为了什么？

晚上，我把它们放在床头，
让梦赶快飞出我的被窝(wō)。
你别问，这是为了什么？

我要把蛋糕送给她吃，
把棉衣给她去挡风雪，
给她一张美丽的圣诞卡。

你想知道她是谁吗？
请去问一问安徒生爷爷——
她就是卖火柴的那位小姐姐。

1 .写一写：

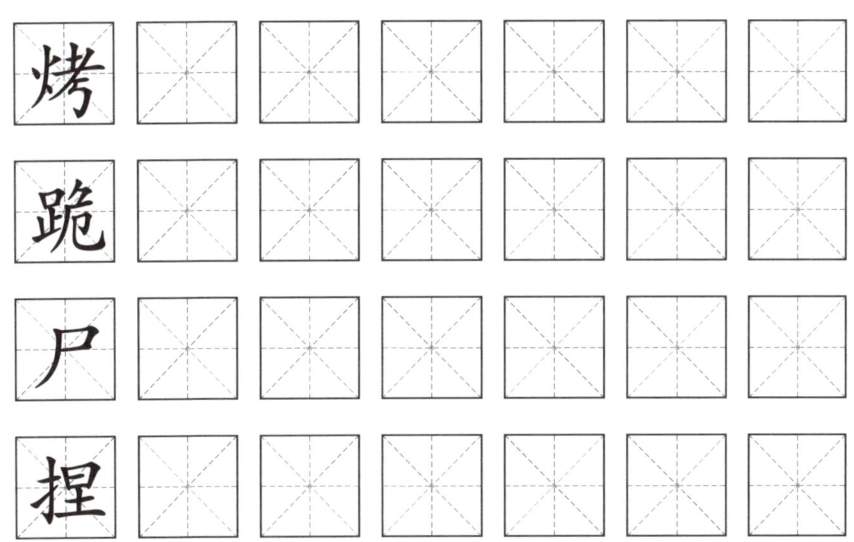

2 .比一比，再组词语：

棍(　　　　)　　　烤(　　　　)
混(　　　　)　　　烧(　　　　)

危(　　　　)　　　尸(　　　　)
跪(　　　　)　　　户(　　　　)

3 .选词语填空：

(1)我爱花草，看着花草发芽吐叶开花，______(感到 感觉)非常快乐。特别是冬天的时候，我把花草一盆盆搬进了室内，______(那样 这样)，在寒冷的冬天里，虽然屋外冰天雪地，屋内却______(依然 果然)像春天一样。

(2)中国是最早发明造纸______(技艺 技术)的国家。在公元105年，有一个叫蔡伦(cài lún)的人造出了非常简便、便宜的纸。纸的发明，对人类文化的发展产生了巨大的______(影响 效果)。

4 .改病句：

(1)海底世界有许多奇奇怪怪、稀奇的动物。

____

(2)云云身体好的原因，是她坚持锻炼身体的结果。

____

(3)上课的时候，老师在课上给我们讲了卖火柴的小女孩。

____

____

5.在下列加点词语的正确解释旁打“√”：

(1)今天报纸上报道了一件新鲜事。

A.少见的　　B.刚发生的

C.刚发现的　　D.新式的

(2)他上大学时，才16岁。

A.不到　　B.只有

C.正好　　D.过了

(3)这支笔是新的，我一直舍不得用。

A.不喜欢　　B.不爱惜

C.很愿意　　D.很爱惜

(4)她学习成绩很好，一点儿也不感到吃力。

A.轻松　　B.有趣

C.困难　　D.容易

(5)圣诞树上点着几十支明晃晃的蜡烛。

A.光亮闪烁　　B.摇晃

C.明白　　D.晃动

6 .把课文缩写成200字左右的短文：

1.读拼音，写词语：

duōsuō ________

huǒchái ________

lièfèng ________

tòumíng ________

qiángjiǎo ________

qiángliè ________

kuàilè ________

shǎnshuò ________

2.组词语：

灌（ ）（ ）

僵（ ）（ ）

捏（ ）（ ）

跪（ ）（ ）

3.填空：

冻得________　　　　高兴得________

冷得________　　　　热得________

________的墙　　　　________的蜡烛

________的星星　　　　________的圣诞树

________地跑来　　　　________地飞走了

________地在地板上走　　　　________地唱起来

4.读句子，用加点的词语造句：

(1)虽然最大的裂缝已经用草和破布堵住了，风还是可以灌进来。

____

____

(2)她们俩在光明和快乐中飞走了，越飞越高。

____

(3)她们飞到一个没有寒冷，没有饥饿，也没有痛苦的地方去了。

____

____

5.读句子，选择正确答案填空：

(1)在这又冷又黑的夜晚，____。

A.光着头赤着脚的一个小女孩在街上走着

B.光着头赤着脚的小女孩一个在街上走着

C.一个小女孩光着头赤着脚的在街上走着

D.一个光着头赤着脚的小女孩在街上走着

(2)圣诞树上的烛光越升越高，____。

A.最后成了简直在天空中闪烁的星星

B.最后成了在天空中简直闪烁的星星

C.最后简直成了在天空中闪烁的星星

D.最后成了在天空中闪烁的星星简直

(3)谁也不知道：____一起走向新年的幸福中去。

A.她曾经跟着多么幸福地她的奶奶

B.她曾经多么幸福地跟着她的奶奶

C.她多么幸福地曾经跟着她的奶奶

D.多么幸福地她曾经跟着她的奶奶

6.阅读短文，完成练习：

有一个女孩子，名字叫珍妮(ní)。一天，妈妈叫她去买面包。珍妮(ní)买了八个面包，她一边走，一边东张西望。一只小狗偷偷跟在她身后，一下子把她手里的面包全抢走了。珍妮(ní)气坏了，拼命追小狗，可追了很久都没追上，自己却迷了路。珍妮(ní)害怕得哇哇大哭起来。

忽然，不知从哪里走出来一位慈祥(xiáng)的老婆婆。老婆婆看珍妮(ní)哭得怪可怜的，就说："小姑娘，别哭。我送你一朵七色花，它会帮助你的。你想要什么，就撕下一片花瓣，对它说，它马上就会替你办好。"

珍妮(ní)谢过老婆婆，老婆婆一下子就不见了。珍妮(ní)看着手里的那朵花，它有七片花瓣，七种颜色。珍妮(ní)撕下一片黄花瓣，说："飞呀，我要带着面包回家。”话音刚落，她已经回到了家里，手里还拿着面包。

珍妮(ní)走进房里，想把七色花插进花瓶，可一不小心，就把花瓶碰倒摔碎了。妈妈听见响声，在厨房里问：“珍妮(ní)，你把什么打碎啦？”珍妮(ní)慌了，连忙撕下一片红花瓣，说：“飞呀，给我一个这样的花瓶。”话音刚落，花瓶的碎片又合起来了。妈妈进来一看，一切都好好的，又回到厨房去了。

后来，珍妮(ní)又扔出别的花瓣，得到了不少玩具。珍妮(ní)只剩下最后一片花瓣了。她想：我要什么呢？她拿不定主意了。

这时，珍妮(ní)忽然看见一个小男孩。他是个跛子，正拄着拐杖(zhàng)走来。珍妮(ní)扔出最后一片青花瓣，说：“飞呀，让那个小男孩像我一样会走路。”她的话还没说完，小男孩就丢下拐杖(zhàng)，轻快地向珍妮(ní)走来，同珍妮(ní)手拉手玩儿了起来。他们跳哇，跑哇，笑哇，玩儿得多开心啊！

(1)查字典，填空：

“慈”的部首是____，读音是________________。

“瓣”的部首是____，读音是________________。

“跛”的部首是____，读音是________________。

(2)珍妮(ní)扔出最后一片花瓣后，发生了什么事情？

____

____

____

(3)造句：

一边…一边…________________________________

____

连忙____________________________________

____

春

1.写一写：

绵

杏

霞

2.比一比，再组词语：

绵(　　　　)　　杏(　　　　)
棉(　　　　)　　香(　　　　)

霞(　　　　)　　眨(　　　　)
雷(　　　　)　　泛(　　　　)

3.选词语填空：

（1）安静　平静　冷静

______的湖面上看不到一只小船。

先______地想一想，再动笔写。

乡下的夜晚特别______。

（2）缓缓　渐渐　偷偷

火车______地开进了车站。

他______走进来，谁都没有发觉。

来这儿三个多月，我______习惯了这儿的生活。

4.扩写句子：

（1）小草钻出来。

____

（2）树上开满了花。

____

（3）小鸟唱歌。

____

（4）蜜蜂飞舞。

____

5.造句：

盼望 ____________________

偷偷 ____________________

仿佛 ____________________

6.朗读课文。

1 .写一写：

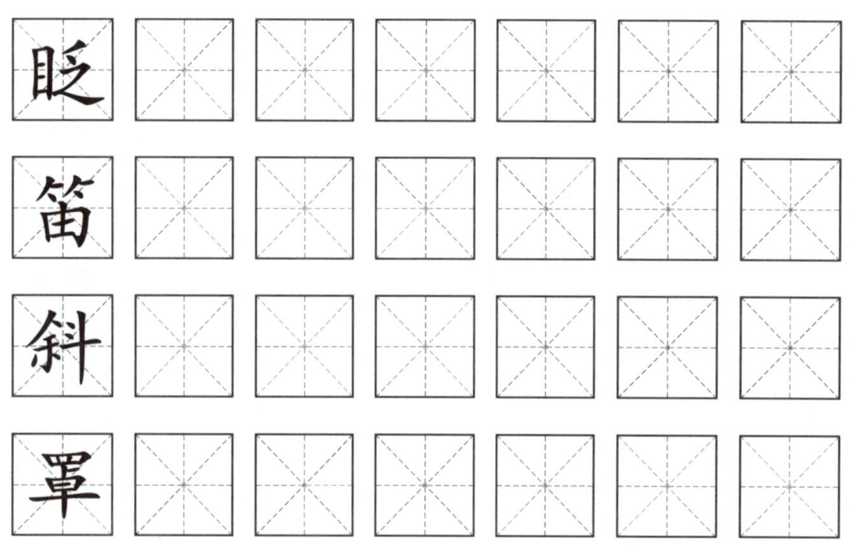

2 .选字填空：

雨是最寻常的，一下就是三两天。可别____(脑 恼)。看，像牛毛，像花____(针 真)，像细丝，____(蜜 密)地____(料 斜)织着，人家屋顶上全笼____(置 罩)着一层薄雾，____(洪 烘)托出一片安静而和平的夜。在乡下，小路上，石桥边，有____(擦 撑)起雨伞缓缓走着的人，田里还有工作的农民……

3.在下列加点词语的正确解释旁打“√”：

(1)鸟儿高兴起来了，呼朋引伴地卖弄清脆的喉咙。

A.卖掉　　B.玩弄

C.有意显示自己的本领　　D.唱歌

(2)春天，有的是工夫，有的是希望。

A.时间　　B.时候

C.本领　　D.好处

(3)小鸟们把它们的家安在繁花嫩叶当中。

A.安定　　B.安置

C.平安　　D.安装

(4)一年之计在于春。

A.计算　　B.主意

C.计较　　D.计划

4.填空：

______的小草　　______的蜜蜂

______的歌喉　　______的野花

______的婴儿　　______的小姑娘

______的青年　　______的春天

5.用句后的词语完成句子：

(1)我刚才看见________。(偷偷)

(2)他在________，不知道有什么事情。(…来…去)

(3)路上有急急忙忙赶路的人，________。(还有)

(4)方方说今天的天气不好，________。(却)

(5)一到春节，________。(家家户户)

6.阅读短文，回答问题：

星期天，我痛痛快快地睡了个懒觉，等到起床的时候，太阳公公已经露出了红扑扑的脸蛋。它微笑着，洒下温暖的金光。爸爸高兴地说："明明，快洗脸吃饭，我们今天去春游。""好！"我高兴得跳了起来。

披着温暖的阳光，我们一家说笑着顺河而上。爸爸说："看，小草已经发出了嫩绿的幼芽；听，小河也在欢唱！"我顺手折了一枝嫩绿的柳枝："爸爸，送给你，请接住春天。”妈妈笑着说：“明明，你看，那边还有一个飞着的春天，燕子回来了。”顺着妈妈的手指望去，我看见一对燕子从我们头上一掠(lüè)而过。它们拍打着翅膀，像是在对我们招手问候。

这时，一股花香随风飘来。“好香啊！”爸爸说：“你们看，那里是鲜花的世界。”原来，小河对面桃花盛开，蜜蜂飞来飞去忙个不停。看到这美丽的景色，闻着这醉人的花香，我仿佛变成了一只小蜜蜂，在花的世界里飞舞。

（1）文中写了春天的哪几种景象？

____

____

（2）看到这美丽的春天景象，“我”想到了什么？

____

____

1.写一写：

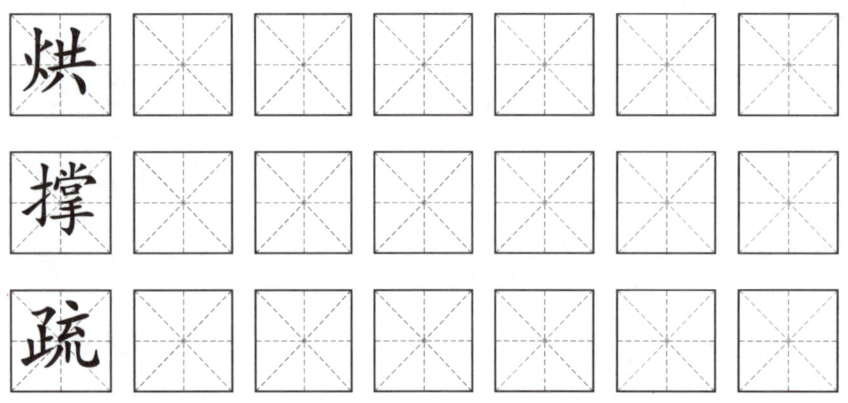

2.读课文，填空：

（1）桃花、杏花、梨花，红的______，粉的______，白的______。野花散在草丛里，像______，像______，还______的。

（2）春雨一下就是三两天，像______，像______，像______。树叶绿得______，小草也青得______。

3.画出下列句中的错别字，把正确的字写在(　)里：

(1)远处的山峰笼罩着一层薄雾，人们的房屋，稀稀蔬蔬的，在雨里净默着。(　　)(　　)(　　)

(2)牛背上收童的短笛也成天嘹亮地响着，使人觉得山村是那样宁静，那么富有吸引力。(　　)(　　)

4.读句子，选择正确答案填空：

(1)我看见___，别提多美了。

A.成千成百的蜜蜂花下嗡嗡地闹着

B.蜜蜂成千成百的嗡嗡地闹着花下

C.成千成百的蜜蜂嗡嗡地花下闹着

D.花下成千成百的蜜蜂嗡嗡地闹着

(2)鸟儿___，飞来飞去。

A.把家安在繁花嫩叶当中

B.在繁花嫩叶当中把家安

C.把家在繁花嫩叶当中安

D.在繁花嫩叶当中安把家

(3)他们___了。

A.做各自自已的一份儿事去

B.做自己的各自一份儿事去

C.各自做自己的一份儿事去

D.做自己的一份儿事各自去

5.造句：

安静____

一切____

希望____

6.把课文读给爸爸、妈妈听，让他们来评评分：

朗读情况	家长签名
很好□ 较好□ 一般□	

1.写一写：

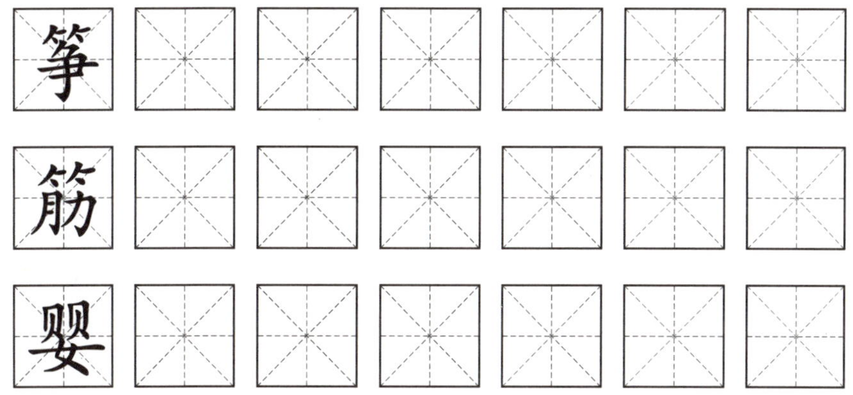

2.比一比，再组词语：

斜（　　　　）
科（　　　　）

烘（　　　　）
供（　　　　）

筝（　　　　）
策（　　　　）

助（　　　　）
筋（　　　　）

3.填空：

一	______	草地	两	______	歌曲
一	______	牛毛	三	______	针
几	______	树叶	五	______	小石桥
六	______	雨伞	八	______	风筝
几	______	蜜蜂	一	______	星星

4.写出下列加点词语的反义词：

(1)风轻悄悄的，草软绵绵的。(　　)(　　)

(2)草从土里钻出来，嫩嫩的。(　　)

(3)春雨密密地斜织着，屋顶上全笼罩着一层薄雾。

(　　)(　　)

(4)春天像刚落地的婴儿，从头到脚都是新的。(　　)

5.造句：

工夫______________________________

成天______________________________

缓缓______________________________

渐渐______________________________

6.根据下面的情景写一段200字左右的短文：

今天，我们一家去春游。

1 .读拼音，写汉字：

xìng [____花　____格]

dí [____子　____人]

zhào [笼____　____相]

yīng [____儿　____该]

chēng [____雨伞　____呼]

jīn [____骨　黄____]

2 .组词语：

霞 [(　　　)　(　　　)]

撑 [(　　　)　(　　　)]

筋 [(　　　)　(　　　)]

斜 [(　　　)　(　　　)]

3 .标出下列句子的先后顺序：

(　)另外两只身上的毛有点儿像老虎，可是肚子上是白的。

(　)现在它们长大了，一会儿玩自己的尾巴，一会儿在花丛里窜来窜去。

(　)我家的老猫生了三只小猫，一只身上是白的，头上和尾巴上有一点儿黑。

(　)有时也互相追来追去，别提有多好玩了。

(　)它们刚生下来时闭着眼睛，一天到晚除了吃奶就是睡觉。

4 .改病句：

(1)这是非常惹人喜爱的一支钢笔。

____

(2)我还差几个月没有毕业。

____

(3)山川河流把晚霞映得一片金黄。

____

(4)他怀着愉快和高兴的心情大声地唱起来。

____

5.阅读短文，判断句子，对的打“√”，错的打“×”：

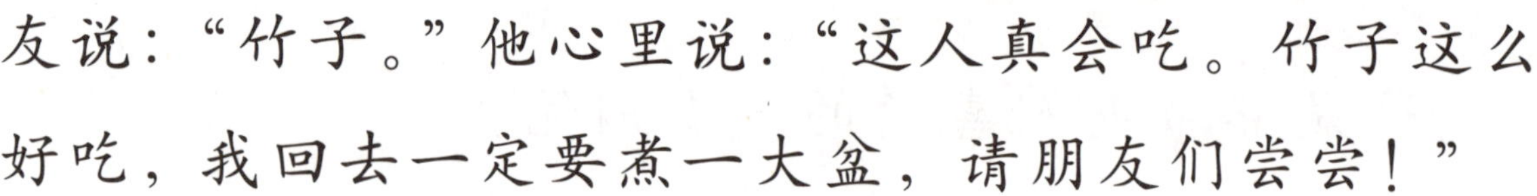

有个人从来没见过竹笋。一天，他来到一个朋友家里，朋友很热情地招待了他，请他吃饭。席上有道菜是竹笋炒肉。他尝了一块竹笋，觉得味道好极了，便问朋友：“这是什么菜？”朋友说：“竹子。”他心里说：“这人真会吃。竹子这么好吃，我回去一定要煮一大盆，请朋友们尝尝！”

这人回到家里，立即把好朋友请来。妻子问他用什么招待客人，他说：“我在一个朋友家里吃过竹子，味道很鲜美。我们床上那张席子是竹子编的，你去拿来煮吧！”

妻子听后，立即走进房间，把竹席拆开拿到厨房去煮。谁知过了大半天，还不见妻子上菜，他便到厨房去看个究竟。妻子苦着脸说：“真奇怪，我们家的竹席煮来煮去也煮不熟！”他拿起锅里的竹席一咬，果然一点儿也咬不动。他气极了，说：“那个朋友太狡猾(jiǎo huá)了，竟然骗我，我再也不跟他交朋友了。”

(1)那个人觉得竹子炒肉很好吃。( )

(2)那个人回家也用竹笋(sǔn)来招待朋友。( )

(3)他妻子说竹席煮了很久也煮不熟。( )

(4)那个人认为朋友骗了他。( )

6.读第5题的短文，完成下面对话：

丈夫：____

妻子：那用什么招待呢？

丈夫：____________________________________。我们床上那张席子是竹子做的，你去把它煮上吧。

妻子：好。

丈夫：过了这么久，怎么还没煮好？我去看看。

妻子：____

丈夫：____

妻子：不信你尝尝！

丈夫：____。我再也不跟他交朋友了。

泰戈尔的故事

1.写一写：

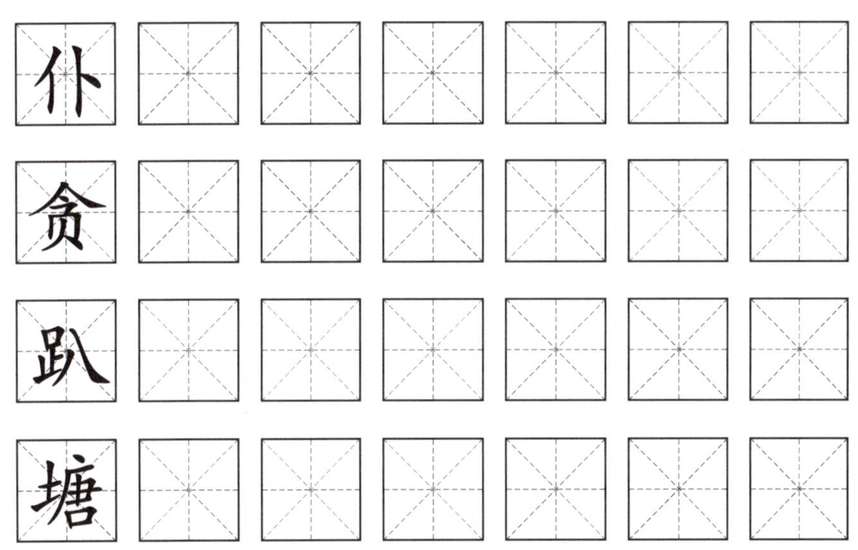

2.选字填空：

(1)带泰戈尔的____(朴 仆)人很____(贫 贪)玩，他____(嫌 谦)带泰戈尔行动不方便，就想了个主意。他让泰戈尔坐在椅子上，然后围着椅子画了一个大____(园 圆)圈，让泰戈尔老老实实____(带待)在圈子里别出来。

(2)泰(tài)戈(gē)尔的名气渐渐大了，但他还是感到___(痛 疼)苦，因为他看到穷人的生活很悲___(参 惨)，深感社会制度不合___(里 理)，必须改造。他认为要改造社会，首先要___(培 倍)养有道___(德 得)有修养的文明人。于是，他创办了一___(座 所)新式小学。

3.填空：

老老实实地______　　高高兴兴地______

不慌不忙地______　　笑眯眯地______

摇头晃脑地______　　认认真真地______

仔仔细细地______　　不好意思地______

4.给下面一段话加上标点符号：

主人把一个象征着荣誉和纯洁的花环献给了却脱柏西亚(yà)先生　却脱柏西亚(yà)站了起来　从脖子上摘下花环　笑眯眯地走到泰(tài)戈(gē)尔身边　把花环套在了泰(tài)戈(gē)尔的脖子上　却脱柏西亚(yà)对大家说　这个年轻人出了本诗集　桑(sāng)底亚(yà)　桑(sāng)吉(jí)特　不知各位读过没有　这些诗

写得好极了　因此　我要把这个花环送给这颗诗坛新星

5.造句：

老实＿＿＿＿＿＿＿＿＿＿＿＿＿＿＿＿＿＿＿＿

鼓励＿＿＿＿＿＿＿＿＿＿＿＿＿＿＿＿＿＿＿＿

象征＿＿＿＿＿＿＿＿＿＿＿＿＿＿＿＿＿＿＿＿

气氛＿＿＿＿＿＿＿＿＿＿＿＿＿＿＿＿＿＿＿＿

6.朗读课文。

1.写一写：

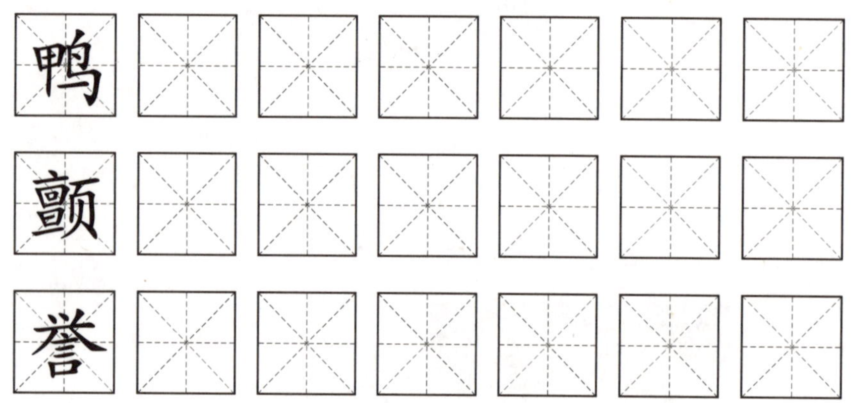

2.比一比，再组词语：

鸭(　　　　)　　眯(　　　　)
鹅(　　　　)　　迷(　　　　)

塘(　　　　)　　挽(　　　　)
糖(　　　　)　　换(　　　　)

3.照例子改写句子：

例：窗外的景色吸引住了他。

他被窗外的景色吸引住了。

(1)我把伯父给我的两本书弄丢了。

____

(2)风把地上的干草叶刮了起来。

____

(3)晚霞映红了山川、田野、村庄。

____

4.把下面的句子写完整：

(1)______的太阳从______升起来了。

(2)______的同学们______地议论着______的消息。

(3)______的妈妈______地关心我。

(4)______的老师______地走到我身边。

5.标出下列句子的先后顺序：

（1）（ ）考察队员们来到了西双版纳(nà)的原始森林。

（ ）考察队员都一一补充订正过来。

（ ）考察队员们发现了过去的考察记载有不少问题。

（ ）考察队员们发现有些植物没有记下；有的记下了名称，没有说明；有些形状和特点记错了。

（2）（ ）热呀！真热呀！最难熬(áo)的时候到了。

（ ）乌(wū)云从四面八方汇聚拢来，越来越厚。

（ ）风像先行官一样来到了。

(　)电闪雷鸣，雨下起来了。

(　)雨渐渐停了，太阳露出了笑脸，一道彩虹(hóng)高挂天边。

6.用下面的情景写一段200字左右的短文：

下大雨了！我望着窗外，到处都是雨水。

1．写一写：

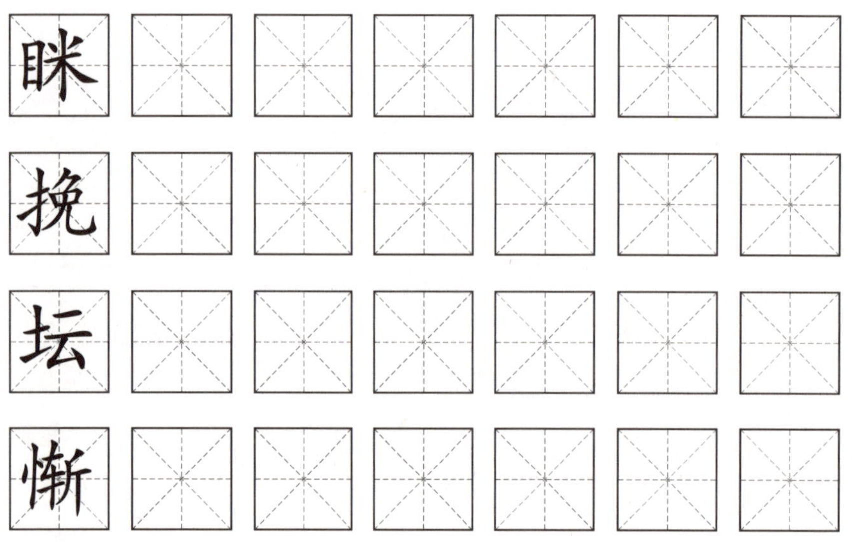

2．选出没有错别字的一组词语，在（ ）里打“√”：

（1）气氛　农厚　家庭　文学（ ）

（2）仆人　贫玩　主意　老实（ ）

（3）景色　颤动　鼓励　出版（ ）

（4）渐愧　荣誉　纯洁　惊讶（ ）

3 .选词语填空：

（1）简直　一直　简单

我______不知道该怎么回答这个问题才好。

这个故事的情节很______，你一定看得懂。

这家快餐店开业以来，生意______很好。

（2）暗暗　悄悄　渐渐

过了清明，天气______暖起来了。

我看见他俩在屋里说______话。

我______下定决心，在学习上一定要超过他们。

4 .造句：

惭愧______________________________

合理______________________________

平等______________________________

首先______________________________

5.改病句：

(1)这时可给我急坏了，我脸上的汗流个不停。

____

(2)我向四周正望着他的身影。

____

(3)说话不礼貌的人是不文明行为。

____

(4)妈妈让孩子呆在家里老老实实地别出来。

____

6.阅读短文，选择正确答案填空：

(一)

古希腊有个大富豪在邀请大哲学家苏格拉底时，对他夸耀自己拥有的土地。苏格拉底向他要了一张世界地图，摊开后对他说："能否请您在这张地图上标出您的土地？"这个富豪张口结舌道："开玩笑，这是世界地图啊！我的土地怎么可能在地图上找得到？”苏格拉底笑着说：“你实在不该夸耀你的土地，因为在世界地图上都找不到呢！”

（1）苏格拉底是一位____。

A.诗人 B.富豪 C.哲学家 D.军事家

（2）“张口结舌”的意思是____。

A.张嘴说话 B.牙齿咬住了舌头 C.吃惊地

D.张着嘴说不出话来，形容理亏

（二）

19世纪俄国大作家果戈（gē）理总是天刚亮就起床，稍稍活动一下，就开始一天的工作了。

一次，一个朋友问他：“你每天都写作吗？”果戈（gē）理肯定地说：“必须每天写作。”“如果有一天没有写呢？”朋友问。“如果有一天没有写，怎么办？

没关系。拿起笔来，写‘今天不知因为什么我没写？’‘今天不知因为什么我没写？’把这话一遍一遍地写下去，直到写得厌了，你就要写作了。”

（1）果戈(gē)理每天坚持____。

A．锻炼　B．写作　C．写字　D．写信

（2）下面有一种说法与原文不符，它是____。

A．果戈(gē)理是俄国大作家

B．果戈(gē)理每天坚持写作

C．有一天，果戈(gē)理不知道写什么

D．果戈(gē)理把“今天不知因为什么我没写？”一遍一遍地写下去，直到要写作为止

1.写一写：

疯						
芬						
芳						

2.填空：

照顾________　　吸引________

出版________　　参加________

改造________　　教育________

培养________　　创办________

3.读句子，写出下列加点词语的近义词：

（1）方方想了一个好主意，我们都赞成。（　　　）

（2）老师鼓励云云，说云云的作文写得好。（　　　）

（3）诗集出版后，立即受到青年人的欢迎。（　　　）

（4）他的父亲是一个有名望的哲学家。（　　　）

4.读句子，用加点的词语造句：

（1）那个仆人很贪玩，他嫌带泰（tài）戈（gē）尔行动不方便，就想了个主意。

____

____

（2）大人们看了后都鼓励他，说他写得好，从此，他就爱上了写诗。

____

____

（3）泰（tài）戈（gē）尔激动得流下了热泪，同时，他觉得很惭愧，便暗暗下决心创作出更多更好的诗歌来。

____

____

（4）泰戈尔（tài gē）的名气渐渐大了，可他还是感到痛苦，因为他看到穷人的生活很悲惨，深感印度社会制度不合理，必须改造。

5.缩写句子：

（1）淅淅沥沥（xī xī lì lì）的雨水落在一块大大的芭（bā）蕉叶上。

（2）主人把一个象征着荣誉和纯洁的花环献给了一位著名的小说家。

（3）他家的后花园里有许多高大的树和五颜六色的花。

（4）悄悄走进他房间的几个孩子看到他摇头晃脑地在写诗。

6.造句：

贪玩______

流传______

忍不住______

吸引______

1.读拼音，写汉字：

chàn ＿＿动
càn ＿＿烂

yù 荣＿＿
yì 容＿＿

wǎn ＿＿留
wán ＿＿全

fēn ＿＿芳
fēng ＿＿富

pā ＿＿在地上
ba 尾＿＿

pú ＿＿人
pǔ ＿＿素

2.比一比，再组词语：

惭（　　　）
渐（　　　）

誉（　　　）
益（　　　）

疯（　　　）
讽（　　　）

坛（　　　）
坦（　　　）

3.在下列加点词语的正确解释旁打“√”，

（1）当却脱柏西亚(yà)把花环套在泰(tài)戈(gē)尔的脖子上时，泰(tài)戈(gē)尔**呆**住了。

A.不灵敏　　　　　　　B.发愣

C.疯　　　　　　　　　D.停留

（2）却脱柏西亚(yà)讲完后，大家一下子对泰(tài)戈(gē)尔**刮目相看**了。

A.用新的眼光来看待　　　　B.用老眼光看待

C.看不见别人　　　　　　　D.看不清楚

（3）泰(tài)戈(gē)尔对孩子非常亲切、平等，从不**摆**校长的**架子**。

A.跟别人吵架　　　　　B.自高自大

C.做许多架子　　　　　D.当校长

4.读句子，选择正确答案填空：

（1）他觉得很惭愧，_____。

A.暗暗便下决心创作出更多更好的诗歌来

B.便下决心暗暗创作出更多更好的诗歌来

C.便暗暗下决心创作出更多更好的诗歌来

D.便下决心创作出更多更好的诗歌来暗暗

tài gē
(2)泰戈尔看着孩子们，笑着说："是啊，______！"

A.诗人是更比疯子疯的人啊

B.诗人是比疯子更疯的人啊

C.诗人更是比疯子疯的人啊

D.诗人是比更疯子疯的人啊

tài gē
(3)泰戈尔的诗歌和文章将继续流传下去，______。

A.成为一朵世界文学中芬芳永远的花

B.成为世界文学中芬芳永远的花一朵

C.一朵成为世界文学中永远芬芳的花

D.成为世界文学中一朵永远芬芳的花

5.用句后的词语完成句子：

(1)他的诗歌一直流传至今，______________(并)

(2)他坐在房里，______________(一…也…)

(3)听了老师的讲解，______________(一下子)

(4)他叫我别说话了，______________(忍不住)

(5)这个问题太难了，______________(简直)

6.阅读短文，完成练习：

古时候，中国有个书法家叫怀素。一天，几位邻居走过怀素家门口，看到他房子旁边的空地上，突然有了一座高高的新坟(fén)，不禁吓了一大跳。怀素家谁死了呢？再仔细一看，又不像。那里面埋的究竟是什么东西呢？大家都感到非常奇怪。

怀素知道后，对他们说，里头埋的是一堆秃笔。原来，怀素从小就非常喜欢写字，他常常从早写到晚，忘记了吃饭，顾不上休息。但他家太穷了，买不起纸，他不得不停下来。一天，怀素又没有纸了，他坐在门口发呆。突然微风吹过，传来一片“沙沙”声，原来是房子周围的芭(bā)蕉树叶被风吹动了。怀素立刻想到了一个好主意：那芭(bā)蕉叶又宽又大，不正是很好的天然纸张么？他飞快地跑到芭(bā)蕉树下，摘下一片芭(bā)蕉叶，拿回家来试着写了几个字，果然很好写。

可是，天天写，芭(bā)蕉叶也写完了，怎么办呢？怀素又想出了一个好办法。他找了一块很硬的大木板，将它刷上油漆(qī)，然后就在上面写字，写完了用湿布一擦，又可以再写。就这样，写了擦，擦了写，年头一多，木板中间竟然磨得凹(āo)了下去。

一天天过去了，怀素写秃的笔不知有多少枝。他写秃一枝就往墙角一抛。这样一枝一枝地越积越多，秃笔堆得像一座小山。怀素把这些笔埋起来，成为笔冢。

（1）查字典，填空：

“秃”的部首是______，读音是________，意思是____________________________________。

“冢”的部首是______，读音是________，意思是____________________________________。

（2）怀素的纸写完后，他想了什么办法？

____

____

（3）“笔冢”是指什么？

____

____

戴高乐临危不惧

1.写一写：

惧						
斯						
侵						
抗						

2.比一比，再组词语：

惧(　　　　)　　斯(　　　　)
俱(　　　　)　　撕(　　　　)

侵(　　　　)　　抗(　　　　)
浸(　　　　)　　航(　　　　)

3.选字填空：

(1)爆　瀑　暴

下了几个星期的雨，引起了山洪____发。

那颗炮弹____炸了。

我去过中国的黄果树大____布。

(2)炸　昨　作

他____天去参观了博物馆。

恐怖分子在那儿安了一颗定时____弹。

我姨妈是一位____家。

(3)栽　载　裁

这辆车____了不少货。

他家____了很多盆花，你可以去看看。

那个____判很不公平，队员们都不服气。

4.改病句：

(1)老师爱戴学生，学生尊敬老师。

____

(2)坚持写日记，写作能力就会迅速提高和扩大。

____

(3)他们没有万万想到，戴高乐竟然没受一点儿伤。

____

(4)老师给讲了我们许多戴高乐临危不惧的故事。

____

5.造句：

英勇____

争取____

建立____

6.朗读课文。

1.写一写：

怖

爆

炸

2.划出下列词语中的错别字，把正确的字写在(　)里：

恐怖组织(　　　　)　　首要目表(　　　　)

大孔一声(　　　　)　　恨恨打击(　　　　)

英男奋战(　　　　)　　引爆炸弹(　　　　)

3.选词语填空：

车队在公路上______（飞驰　飞行），过了塞纳(nà)河桥不远，坡道上存放了一______（片　堆）沙子，那是准备修路用的。正当车队准备从沙堆旁绕过时，突然响起一声______（强烈　剧烈）的爆炸声，前面腾起了一______（道　到）高高的火焰。但司机并没慌乱，一踩油门，驾着车冲了过去。车队停下来后，戴高乐______（稳定　镇定）地从车上下来，还______（关怀　关切）地询问是否有人受伤。

4.扩写句子：

（1）我们登上了长城。

____

（2）空气清新。

____

（3）汽车在奔驰。

____

5.在下列加点词语的正确解释旁打“√”：

(1)我把提高学习成绩当成这个学期的首要目标。

A.第一位的　　B.头脑

C.脑袋　　D.最后的

(2)他说:“真是一群十足的笨蛋!”

A.十个　　B.十只脚

C.十分充足　　D.十分足够

(3)看样子,明天恐怕要下雨。

A.害怕　　B.肯定

C.可能　　D.不会

(4)中午请他到我家吃饭,他就不同意。

A.马上　　B.坚决

C.很早　　D.居然

(5)父母辛苦了一辈子,也该休息休息了。

A.一阵子　　B.一下儿

C.一会儿　　D.一生

6.下面是一封短信，有几处错误，请在原文中标出，并重写一封：

舅舅：

这个星期，我们进行毕业考试。考试以后，我准备乘火车到您家去，过署假跟方方一起。妈妈以同意我去，请您给我安排好住处。

祝您

身体健康！

6月25日

亮亮

1.写一写：

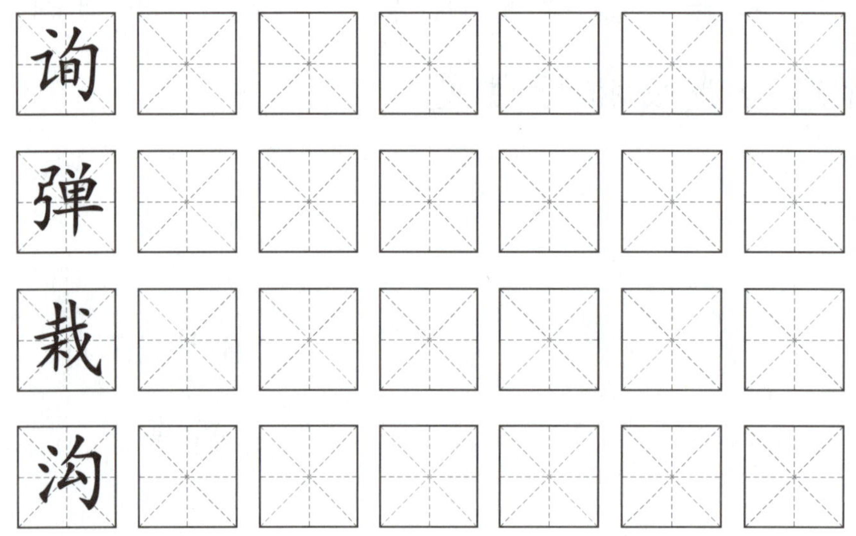

2.用下列多音字组词语：

tán
弹(　　　　)

dàn
弹(　　　　)

lè
乐(　　　　)

yuè
乐(　　　　)

xíng
行(　　　　)

háng
行(　　　　)

fēn
分(　　　　)

fèn
分(　　　　)

3．填空：

建立________ 争取________

安排________ 询问________

检阅________ 树立________

带领________ 存放________

4．标出下列句子的先后顺序：

(　)于是便集中火力向那里猛烈开火。

(　)一天，戴高乐开完会，乘车向机场驶去。

(　)戴高乐连忙弯下身子。

(　)在高速公路上，恐怖分子向总统座车疯狂射击。

(　)一颗子弹打破了防弹玻璃。

(　)他们知道总统习惯坐在车的左边。

(　)司机开着车飞速冲出了杀手们的包围。

5.造句：

目标 ______________________________

安排 ______________________________

当然 ______________________________

6.阅读短文，回答问题：

传说诸葛(zhū gě)亮是水镜先生的弟子。水镜先生隐居在一座山里，院里喂了一只公鸡。

这只公鸡每到中午总要叫三声，水镜先生一听到鸡叫就下课。诸葛亮听先生讲课入了迷，听到鸡叫就打心眼儿里厌烦。于是，他在裤子上缝了一个小口袋，每天装上几把米。等到那公鸡要叫时，就悄悄地往窗外撒一把米，等鸡把一袋米吃完再叫时，下课时间已经过了很久了。

水镜先生知道是这个顽童捉弄老师，就让他退学了。诸葛亮走了几天，水镜先生的夫人对水镜先生说：“小诸葛亮喂鸡也是为了求学，我看就饶他一次吧。”水镜先生知道诸葛亮聪明好学，要是重新收他，还得看看他的品行如何，于是就派人去诸葛亮家中察访。

察访的人回来向水镜先生讲了三件事：一是诸葛亮的母亲冬天怕冷，他就上山割回草来铺在妈妈床上，自己先上去睡一会儿，再让母亲安睡；二是诸葛亮家离水井只有几步远，但中间隔着别人家的菜地，他为了不踩坏别人家的菜地，每次挑水都绕一个大圈；三是诸葛亮曾向附近一个青年人求教，后来，虽然他的学问超过了这个青年，但仍虚心相待。

水镜先生听了，忍不住点头称赞，当天就亲自去接诸葛(zhū gě)亮回来，把自己的本事传授给他。后来，诸葛(zhū gě)亮成为一名杰出的政治家和军事家。

（1）水镜先生为什么要让诸葛(zhū gě)亮退学？诸葛(zhū gě)亮这样做对吗？

____

____

____

（2）水镜先生为什么亲自去接诸葛(zhū gě)亮回来上学？

____

____

____

1.写一写：

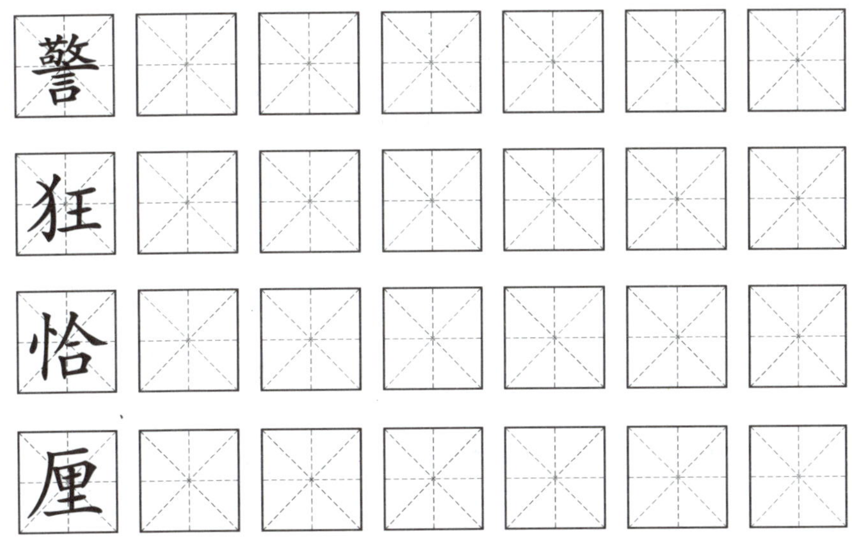

2.比一比，再组词语：

沟(　　　　)　狂(　　　　)
构(　　　　)　旺(　　　　)

恰(　　　　)　里(　　　　)
给(　　　　)　厘(　　　　)

3.读句子，选择正确答案填空：

（1）____，恐怖分子们很容易猜出了他的行车路线。

A.由于他的时间一向安排得很有规律

B.由于一向他的时间安排得很有规律

C.由于他的时间安排得很一向有规律

D.由于他的时间安排得很有规律一向

（2）几分钟后，这个恐怖分子就被警察截住了，____。

A.其他几名参加谋杀的罪犯也落入了法网先后

B.先后其他几名参加谋杀的罪犯也落入了法网

C.其他几名先后参加谋杀的罪犯也落入了法网

D.其他几名参加谋杀的罪犯也先后落入了法网

（3）戴高乐和夫人的身上到处都是碎玻璃，____。

A.万幸的是他们都丝毫没有受伤

B.万幸的是他们都没有受伤丝毫

C.万幸的是他们都没有受丝毫伤

D.丝毫万幸的是他们都没有受伤

4 .填空：

有规律地________　　剧烈地________

镇定地________　　关切地________

疯狂地________　　飞快地________

5 .用句后的词语完成句子：

（1）他带领人民英勇抗战，________。（为）

（2）一个人想要进步，必须严格要求自己，________。（并且）

（3）________，突然下起了大雨。（正当）

（4）这么重要的事情，________。（万万）

（5）听到敲门声，________。（连忙）

6 .用 200 字左右的话把下面的故事写完整 ：

今天早上我刚出门，忽然听到一阵优美的乐曲，我向四周一望，……

1.在下列读音正确的一组词语旁打“√”：

（1）qīnzhàn　　fǎxīsī　　lǐngdǎo
侵占　　法西斯　　领导　（　）

（2）kǒngbù　　yīngyǒng　　guīlǜ
恐怖　　英勇　　规律　（　）

（3）zhèndìng　　bèndàn　　měngliè
镇定　　笨蛋　　猛烈　（　）

（4）jǐngchá　　zuìfàn　　zǐdàn
警察　　罪犯　　子弹　（　）

2.组词语：

栽（　　　　）（　　　　）　　恰（　　　　）（　　　　）

警 ⎡（　　　　）
　 ⎣（　　　　）

沟 ⎡（　　　　）
　 ⎣（　　　　）

3.选词语填空：

（1）一时　一直　一定

明天的生日晚会你______要参加啊！

他工作很忙，______来不了。

方方这几个星期学习______很认真。

（2）万万　千万　万一

事情很重要，______别忘了。

我______没想到，他居然不参加考试。

明天的活动我尽量参加，______我不来，你们也不要等我。

4.照例子写句子：

例：著名　法国　戴高乐　是　政治家　的

戴高乐是法国著名的政治家。

(1)这个　小偷　住　被　很快　警察　就　截　了

(2)开着车　冲出　杀手们的　司机　飞速　了　包围

(3)为　榜样　他　将士们　临危不惧的　树立　了

5.读句子，用加点的词语造句：

(1)司机的两眼被火光照得发花，但他没有慌乱，而是猛地一踩油门，冲过了火网。

(2)他们万万没有想到，在这样猛烈的爆炸中，戴高乐竟然没受一点儿伤。

（3）一颗子弹打碎了车后窗的防弹玻璃，戴高乐连忙弯下身子。另一颗子弹恰恰飞来，从他头上仅有几厘米的地方擦过。

6.阅读短文，把短文改写成对话：

俄罗斯著名钢琴家鲁(lǔ)宾斯坦的音乐会就要开始了。这时，一个精力充沛(pèi)的女士闯进了演员休息室，请求鲁(lǔ)宾斯坦给她一张票。鲁(lǔ)宾斯坦告诉她，剧院不归他管，而且剧院只给了他一个座位。那个女人着急地请求鲁(lǔ)宾斯坦把那个座位让给她，她太想听音乐了。鲁(lǔ)宾斯坦说要是她不拒绝的话，这个座位可以让给她。那个女人高兴地说她不会拒绝，并问鲁(lǔ)宾斯坦座位在哪儿。鲁(lǔ)宾斯坦说就在钢琴旁。

音乐之都

1.写一写：

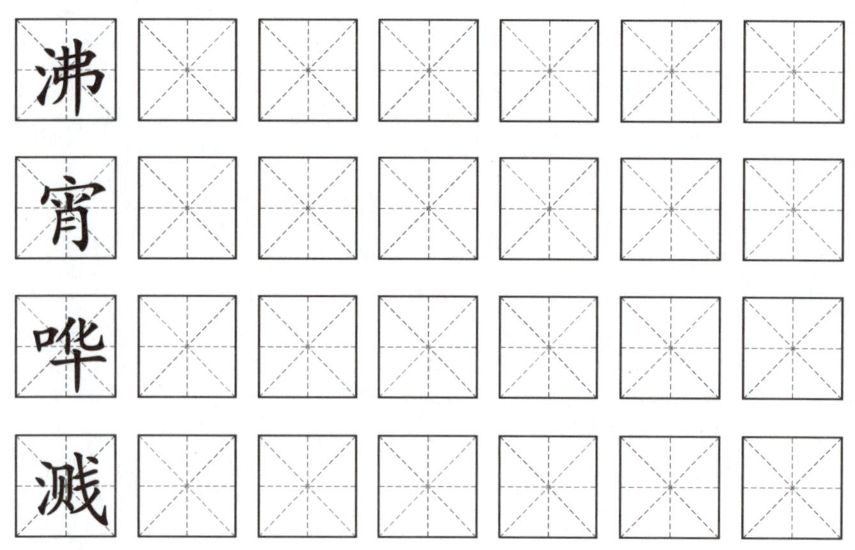

2.选出没有错别字的一组词语，在(　)里打“√”：

(1)仇美　沸腾　似乎　演奏(　)

(2)浪花　音符　沉侵　谱写(　)

(3)骄傲　景色　寂静　富饶(　)

(4)悠杨　神秘　接触　传播(　)

3.填空：

优美的______	美妙动听的______
神秘的______	美丽富饶的______
悠扬的______	举世瞩目的______
浓厚的______	美丽动人的______

4.照例子用“不仅…而且…”改写句子：

例：父亲培养了我对文学的浓厚兴趣。

父亲启迪了我对人生的追求。

父亲不仅培养了我对文学的浓厚兴趣，而且也启迪了我对人生的追求。

(1)他是个优秀的运动员。

他是个小有名气的作家。

____

(2)方方写完了作文。

刚到我们班的冬冬写完了作文。

____

(3)维也纳(nà)的音乐出名。

维也纳(nà)的艺术收藏是举世瞩目的。

____

5.造句：

诞生______________________________

基本______________________________

居住______________________________

传播______________________________

6.朗读课文。

1．写一写：

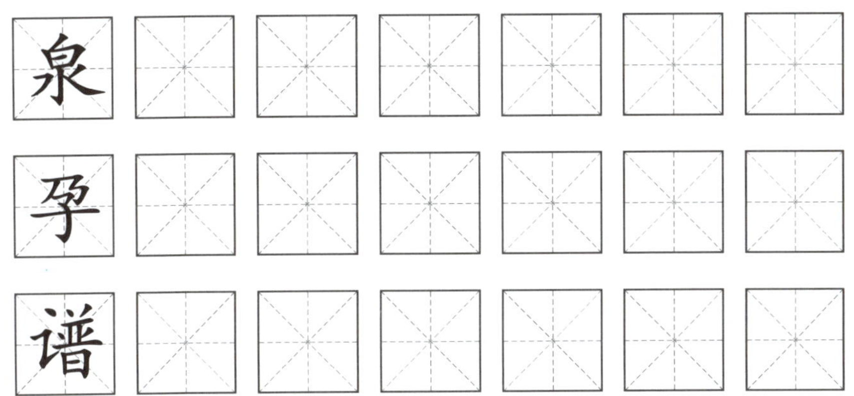

2．比一比，再组词语：

沸（　　　）
佛（　　　）

宵（　　　）
消（　　　）

溅（　　　）
践（　　　）

泉（　　　）
录（　　　）

3.选词语填空：

(1)美好　美妙　美丽

她是一个______的姑娘。

______动听的音乐传来，使人精神振奋。

我们要用自己的双手来建设一个______的社会。

(2)富饶　富有　丰富

我热爱美丽而______的故乡。

张老师的教学经验十分______。

那部电影______浓厚的生活气息。

4.用句后的词语完成句子：

(1)我看他很面熟，______________________。(似乎)

(2)全班同学都考得不错，______________。(特别)

(3)下周的旅行，除了你不能参加，______________

______________________。(还)

(4)____，

大家都累极了。(一直)

(5)我听说过这个人，____________________。(接触)

5.标出下列句子的先后顺序：

( )开始，音乐有些忧伤，那伤感的调子使天上的月亮和星星都沉静下来，不再闪烁了。

( )天空是静静的，夜是静静的，星月是静静的，远处的灯火也是静静的。

( )吃过晚饭，妈妈把录音机打开，优美的音乐马上传了出来。

( )后来，一切都静下来了。

( )我忙把声音调大，站在外面细心地倾听着，生怕错过了这美妙的瞬(shùn)间。

( )在这寂静的夜里，我沉浸在这美妙的音乐之中。

6.用下面的情景写一段200字左右的短文：

我有一个玩具，它是我最心爱的东西。

1．写一写：

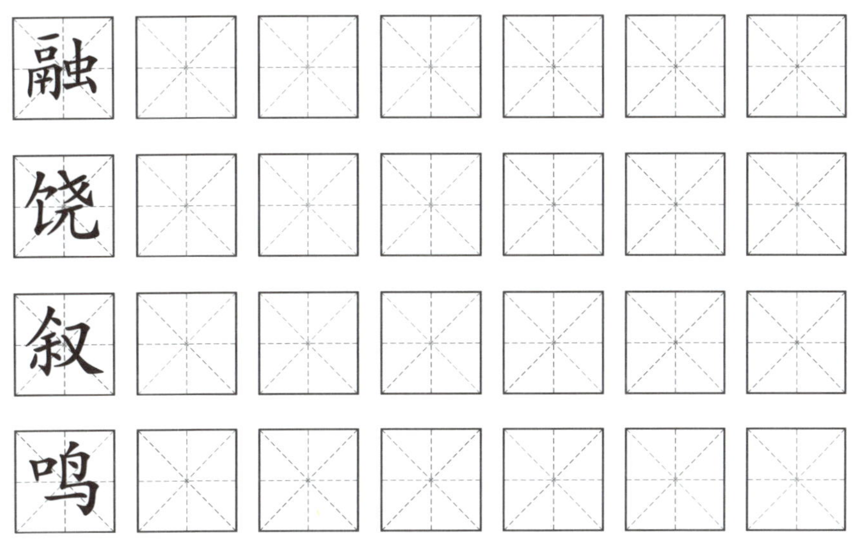

2．选字填空：

(1)这些伟大的音乐大师们与维也纳(nà)____(隔　融)为一体，使维也纳(nà)声名远____(杨　扬)。常常听到奥地利人____(骄　侨)傲地说：“有些人知道奥地利，许多人知道维也纳(nà)，所有人都知道施特劳斯。”

(2)那首曲子给我们____(叔　叙)述了一个动人的故事：在清晨的森林里，在鸟儿们的歌声中，夹有得得的马____(啼　蹄)声和悠扬的口琴声。这一首描写赞美维也纳(nà)的华尔兹(zī)____(园　圆)舞曲，使施特劳斯的创作达到了顶峰。

3.填空：

两座________　　几首________

一只________　　一架________

三辆________　　四条________

一个个________　　一双双________

4.造句：

的确________________________________

叙述________________________________

接触________________________________

面临________________________________

5.改病句：

（1）妈妈经常鼓舞我，要做一个全面发展的好学生。

____

（2）方方每天电视都看。

____

（3）市场上的蔬菜很多，有黄瓜、豆角、菜心和西瓜等。

____

（4）中文对我很感兴趣，因此上中文课我总是特别专心。

____

6.阅读短文，判断句子，对的打"√"，错的打"×"：

在中国北方的隆(lóng)冬，千里冰封，万里雪飘。可是，在辽宁省本溪(xī)县的池村，却找不到一点儿冰雪痕迹。村里，妇女们光着脚在河边洗衣，孩子们在水中游玩，看见他们，人们仿佛置身于江南的春天。为什么在东北的严冬季节，会有这番"北国江南"的奇观呢？

原来，这里是著名的“地热村”，地下埋藏着大量的热得发烫的地下水。滚烫的地下水，像开了锅似的，蒸得地面暖融融的，即使在冬天，赤脚走路也不觉得冷。地下热水从岩石缝中冒出来，就形成了一处天然温泉。有趣的是，在泉口，利用温泉甚至可以煮熟鸡蛋呢。

据测定，地下100米处的水温高达100℃，泉水平均水温75℃以上，即使数九寒天，地表温度也不低于0℃。怪不得地热村没有冰天雪地的冬天了。

当地村民因地制宜，修建了露天温泉浴池，建起了暖水养殖场，搭起了地热蔬菜温室，安装了地下热水取暖设施……人们充分享受着大自然的恩赐。

（1）地热村的地下埋藏着大量的热得发烫(tàng)的地下水。
（ ）

（2）在温泉里还可以煮熟鸡蛋。（ ）

（3）在寒冷的冬天，泉口平均水温 75 ℃以上，地表温度却低于 0 ℃。（ ）

（4）村民们充分利用了地热资源。（ ）

1．写一写：

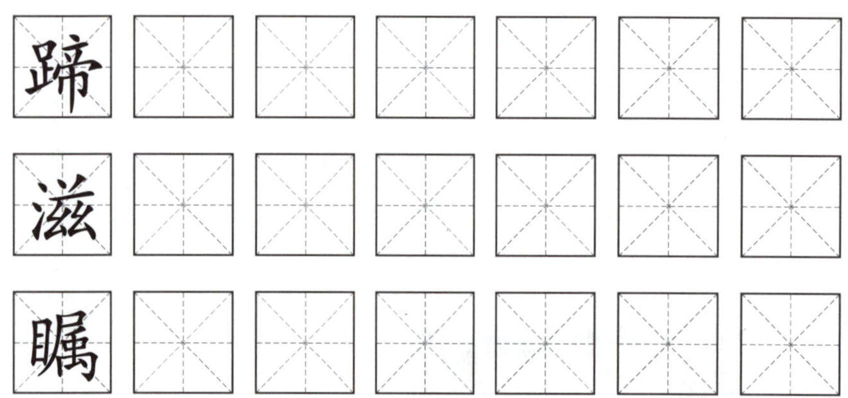

2．比一比，再组词语：

滋（　　　　）	瞩（　　　　）
磁（　　　　）	嘱（　　　　）
鸣（　　　　）	饶（　　　　）
鸡（　　　　）	绕（　　　　）
普（　　　　）	孕（　　　　）
谱（　　　　）	享（　　　　）

3.给下面一段话加上标点符号：

有这样一对父母 为了在朋友们面前显示一下自己儿子的才华 就让儿子当场演奏了一段钢琴曲 之后 父亲笑着问其中一位客人 我儿子弹得不错吧 嗯 他真应该到贝多芬面前去演奏一番 真的吗 是的 因为贝多芬是个聋(lóng)子

4.扩写句子：

(1)马车从森林里穿过。

____

(2)浪花变成了音符。

____

(3)我热爱故乡。

____

5.用句后的词语回答问题：

（1）你听到优美的音乐有什么感受？（似乎　特别）

____

（2）《维也纳(nà)森林的故事》讲述了一个怎样的故事？（清晨　合唱　夹）

____

6.把课文读给爸爸、妈妈听，让他们来评评分：

朗读情况	家长签名
很好□　较好□　一般□	

1.读拼音，写汉字：

quán
______水

qián
______面

míng
______叫

mín
______族

zī
______润

zhī
______识

zhǔ
______目

zǔ
______国

yùn
______育

rùn
湿______

fèi
______腾

fó
______教

2.组词语：

蹄（ ）（ ）　叙（ ）（ ）

泉（ ）（ ）　宵（ ）（ ）

3.照例子改写句子：

例：同学们在教室里上课。

在教室里，同学们上课。

（1）我们乘坐的游轮在蓝色的大海上飞快地前进。

（2）一辆马车在寂静的森林里奔驰。

（3）我们在一座音乐厅里欣赏动人的乐曲。

4.读句子，用加点的词语造句：

（1）音乐大师贝多芬虽生在德国，却是在维也纳(nà)向海顿学习作曲并一举成名的。

______

（2）在全世界人们的心目中，真正能代表维也纳(nà)风格的是华尔兹(zī)。

______

（3）维也纳(nà)也随着华尔兹(zī)的流行和传播，声誉日高，声名远扬。

______

5.选出下列各组句子中正确的一句，在（ ）里打“√”：

他给我们讲述了神话般一个美丽动人的故事。（ ）
他给我们讲述了一个神话般美丽动人的故事。（ ）
他给我们讲述了神话般美丽动人的故事一个。（ ）

这首圆舞曲把施特劳斯的成就达到了顶峰。（ ）
这首圆舞曲被施特劳斯的成就达到了顶峰。（ ）
这首圆舞曲使施特劳斯的成就达到了顶峰。（ ）

6 .阅读短文，完成练习：

我的小妹妹长高了，长胖了，也开始懂事了。她头上扎着两个小辫儿，不大不小的眼睛像两颗黑宝石一样，总是不安分地忽闪着，圆圆的脸上总带着顽皮的笑意。

她真顽皮，常叫人哭笑不得。一次，我正在做作业，她走进来对我说：“姐，我要写字！”“去，去，一边玩儿去，你会写什么字！”说完，我又低下头学习了。妹妹见我不理她，就悄悄拿走了我的文具盒，可我一点儿也没发觉。

唉——有道题做错了，我急忙去找橡皮。你猜怎么样？原来橡皮被妹妹削成了一个球不像球、棍不像棍的东西。我气极了，真想揍她一顿，可作业没做完，也就暂时忍耐住了。

做完作业，我瞪着眼睛，正准备教训她时，她却扑进了妈妈怀里，来了个“恶人”先告状：“妈，救命，姐姐要打我！”看见她的样子，我忍不住笑了，也就饶了她。

我的小妹妹调皮又可爱，我真喜欢她。

（1）查字典，填空：

“橡”的部首是____，读音是________。

“揍”的部首是____，读音是________。

“辫”的部首是____，读音是________。

（2）找出文中描写妹妹外貌的句子。

____

____

（3）简单描写一个人的外貌。

____

____

____

____

世界奇迹金字塔

1.写一写：

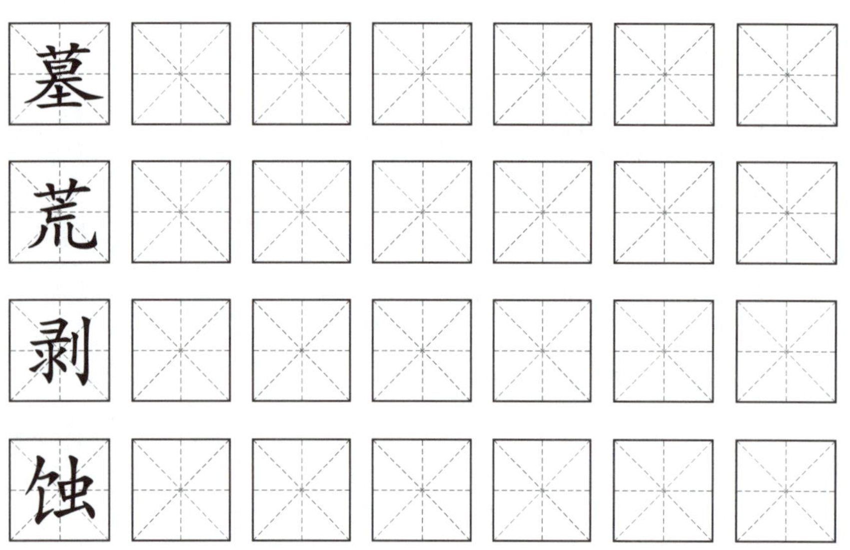

2.选字填空：

（1）墓　幕　慕　墨

运动会明天就开____了，你做好准备了没有？

金字塔是古埃(āi)及帝王为了保存自己的尸体而修建的陵____。

他写完毛笔字，满手都是___汁。

真美___他有机会到中国去旅游。

（2）粘　站　沾　战

孙悟空___胜了铁扇公主。

明天要开晚会，我们在墙上___贴了不少剪纸。

他双手___满了水，急急忙忙跑出来。

你在哪个___下车？

3.用“着”、“了”、“过”填空：

（1）雄伟的山绕___美丽的水，美丽的水映___雄伟的山，让你感到像是走进___连绵不断的画卷之中。

（2）她的旧裙子里装___许多火柴，手里还拿___一把。这一整天，谁也没有买___她一根火柴，谁也没有给___她一个钱。

（3）牧羊人赶___羊儿上___山。山坡上长___一片嫩绿的草。羊儿安闲地吃___草。牧羊人吹起笛子，笛声飞___草地，传到四方。

4.缩写句子：

（1）金字塔就是古埃（āi）及的帝王为了保存自己的尸体而下令修建的陵墓。

____

（2）大卫的爸爸兴奋地讲了许多金字塔见闻。

____

（3）我们村的孩子都爱在这条河里钓鱼。

____

5.造句：

流传________________________________

可见________________________________

凡是________________________________

修建________________________________

6.朗读课文。

1.写一写：

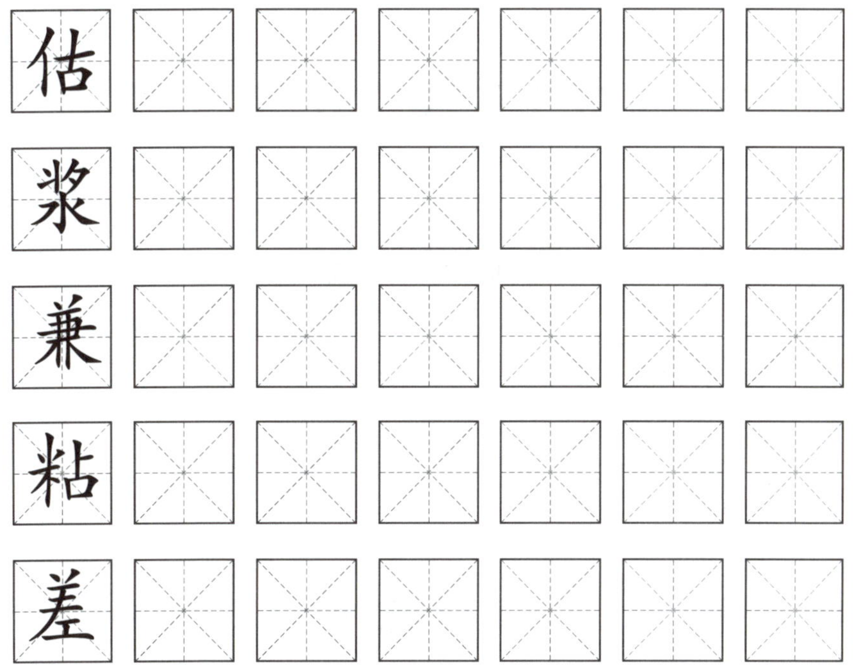

2.比一比，再组词语：

墓(　　　　)
幕(　　　　)

剥(　　　　)
绿(　　　　)

窄(　　　　)
穿(　　　　)

催(　　　　)
推(　　　　)

任(　　　　)
凭(　　　　)

兼(　　　　)
嫌(　　　　)

3.选词语填空：

（1）保护　保存　保持　保留

中国采取的一系列措施，有效地______了国宝大熊猫。

故宫博物院______着许多珍贵文物。

进城好多年了，她仍______着乡下的生活习惯。

前两年我们一直______着联系，最近不知什么原因，我没跟他见过面。

（2）仅　光　凡　就

你不让我去，我____要去！

在昨天的晚宴上，____啤酒他就喝了三瓶。

____听过王老师讲课的人，没有一个不称赞他讲课讲得好。

他不____是个优秀的演员，而且还是个有名的歌星。

4.改正句中用错的关联词语：

(1)如果我们班受到表扬，就是也不要骄傲。

____

(2)只有下一番苦功夫，就能取得优异成绩。

____

(3)尽管风吹雨打，我们总是按时回校学习。

____

(4)王老师讲课很生动，而且我们学得很有兴趣。

____

5.标出下列句子的先后顺序：

( )遇到人就出一个谜语，凡是猜不出来的，都成了他的美餐。

( )所以人们都不敢走那条路了。

( )传说斯芬克斯经常在这条路上兴风作怪。

( )那条谜语非常奇特，没有人猜得出来。

6 .阅读短文，选择正确答案：

胡老师：

您好！

很久没有与您联系，也许您已经不记得我是您万千读者中的哪一位了，但我始终通过《人民日报》海外版关注着您的栏目。

两年前，我冒昧地给您写了一封信，没想到马上就收到了您的回信。您不仅回答了我的问题，还给我提了不少建议。你们对读者认真负责的精神，让我感动。如今，我即将小学毕业了。当新的学习生活又将在我面前展开时，我要深深地感谢您把这么美好的东西给了我，我想，它会伴我一生的。

值此新春佳节到来之际，衷心祝愿您健康幸福！祝《人民日报》海外版越办越好！

(1)这封短信的收信人是一位____。

A.小学教师　　B.报社编辑

C.有名的作家　　D.中学教师

(2)这封短信的寄信人是一个____。

A.初中学生　　B.大学生

C.小学生　　D.报社工作人员

(3)写这封信的目的是____。

A.感谢　　B.提问

C.表扬　　D.购物

1.写一写：

窄

谜

免

吞

2.画出下列词组中的错别字，把正确的字写在( )里：

一座丰牌(　　　　)　　一片荒漠(　　　　)

为民涂害(　　　　)　　万分京慌(　　　　)

照列出席(　　　　)　　血盘大口(　　　　)

3 .比一比，再组词语：

浆(　　　　)　　迷(　　　　)
奖(　　　　)　　眯(　　　　)
酱(　　　　)　　谜(　　　　)
免(　　　　)　　估(　　　　)
兔(　　　　)　　姑(　　　　)
负(　　　　)　　故(　　　　)

4 .扩写句子：

(1)年轻人害怕。

____

(2)我高兴。

____

(3)那儿有通道。

____

5 .造句：

照例______________________________

确实 ________________

恨不得 ________________

可惜 ________________

6.阅读短文，把它改成对话：

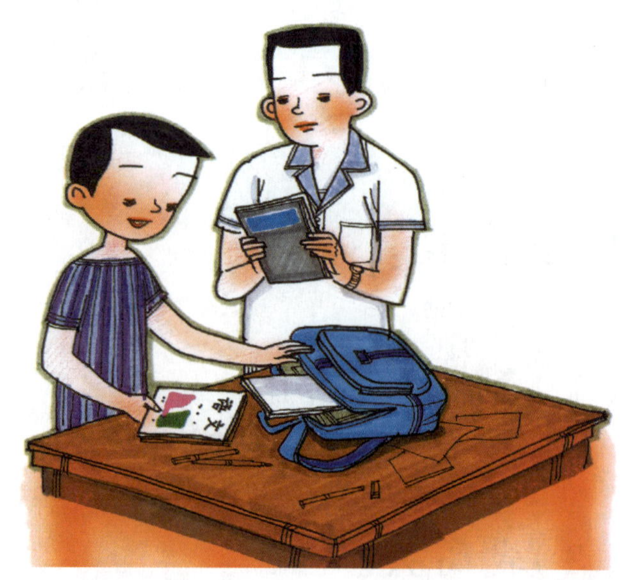

一学期过去了。小刚对爸爸说，自己把书保存得好好的，爸爸应该买一双漂亮的运动鞋奖励他。爸爸同意了。小刚说完就把书包打开，拿出了课本。那些课本像刚发下来的一样，因为小刚连翻都没有翻过呢。

____

____

____

____

____

1.写一写：

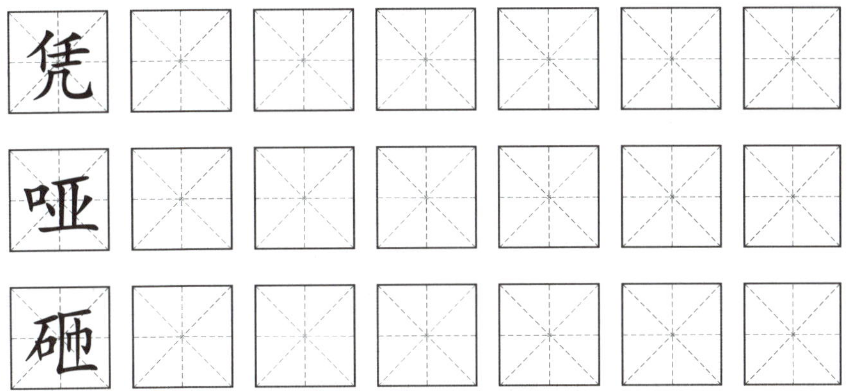

2.选词语填空：

(1)流传　流行　流动

外边一点儿风都没有，闷得很，好像空气都不______了。

这首______歌曲很好听，大家都会唱。

《西游记》的故事一直______到今天，仍为广大人民所喜爱。

（2）决心　决定　坚决

最好大家商量一下再______这件事情。

他下______办一个中餐馆。

在去不去留学的问题上，他的态度十分______。

3.读句子，选正确答案填空：

（1）____，可见构筑之精密。

A.塔的东南角与仅西北角的高度误差1.27厘米

B.塔的东南角与西北角的高度误差仅1.27厘米

C.仅塔的东南角与西北角的高度误差1.27厘米

D.塔的东南角与西北角的高度仅误差1.27厘米

（2）那条谜语没有人猜得出来，____。

A.所以人们再都不敢走那条路了

B.所以人们都不再敢走那条路了

C.所以人们都不敢再走那条路了

D.所以人们都不敢走再那条路了

4.用句后的词语完成句子：

(1)你一会儿说去，一会儿说不去，＿＿＿＿＿＿＿＿＿＿＿＿＿＿＿＿＿＿＿＿＿？(究竟)

(2)他听说了这件事，＿＿＿＿＿＿＿＿＿＿。(决心)

(3)吃了这么多药，打了这么多针，＿＿＿＿＿。(仍)

(4)他们明天去郊游，＿＿＿＿＿＿＿＿＿＿。(可惜)

(5)太晚了，＿＿＿＿＿＿＿＿＿＿＿＿＿＿。(只好)

5.在下列加点词语的正确解释旁打“√”：

(1)他张开血盆大口，恨不得一口把年轻人吞下去。

A.急切希望　　B.仇恨极了

C.痛恨极了　　D.不愿意

(2)他感到万分惊慌，但仍不死心。

A.人死了　　B.心死了

C.不再寄托希望　　D.放心

(3)我很想参加，不过没有时间。

A.不能　　B.但是

C.虽然　　D.只有

(4)那美妙动人的歌声打动了不少人。

A.让人安心　　B.让人动摇

C.动身　　D.动听

6.用下面的情景写一段200字左右的短文：

今天，我们一家在一起猜谜语。

1．读拼音，写词语：

fēngbēi ______	jiūjìng ______	xiūjiàn ______
miànjī ______	wùchā ______	límǐ ______
diāokè ______	míyǔ ______	měicān ______

2．填空：

流传______	保存______
修建______	雕刻______
决心______	表现______
感到______	听说______

3.照例子改写句子：

例：人学会了走路，不是变成了两条腿吗？

人学会了走路，就变成了两条腿。

（1）你不去，不是失去了一次好机会吗？

（2）他不是说今天没有时间吗？

（3）他不是很认真吗？

（4）你不是去埃（āi）及参观过金字塔吗？

4.改病句：

（1）不知谁喊了一声，把树上的鸟儿吓得几乎全都飞走了。

（2）这是一支只有5厘米长的很短的铅笔。

(3)爸爸刻苦学习外语，已经掌握了三国法语。

(4)王老师的身体和精神都很健康。

5.阅读短文，判断句子，对的打“√”，错的打“×”：

在埃（āi）及吉（jì）萨（sà）高原的大金字塔畔，有一尊巨大的守护神，那就是斯芬克斯狮身人面像。

它是世界上最“长寿”的雕像，距今已有4600多岁了。数千年来，狮身人面像犹如一位忠于职守的卫士，匍(pú)匐(fú)在胡夫金字塔前，天天凝视着东方升起的太阳，一言不发地观察着眼前的变化。

当年建造金字塔时，这里是采石场。采石工们把场内坚硬的石块开采来建造金字塔，但中间有一片岩石含有贝壳之类的石料，比较松散，不能用作金字塔的石料。等金字塔建成后，采石场上就遗留下了一座小山。

传说，公元前2610年，胡夫国王来工地巡(xún)查时，看见这座小山挡在自己的陵墓前，非常恼火。聪明的设计师忽然想到了斯芬克斯这个传说中的形象，决定将这座小山雕刻成狮身人面的大石刻。因为在埃(āi)及，勇猛的头领常被比作森林之王狮子。而在神话故事中，狮子又是陵墓的卫士。设计师别出心裁地把狮子的头雕刻成胡夫国王的形象。于是，一件千古不朽的艺术品诞生了。

(1)狮身人面像距今有4600多年了。(　)

(2)胡夫国王来工地巡(xún)查时，看到陵墓前有一座小山，非常高兴。(　)

（3）在埃(āi)及，勇猛的头领常被比作森林之王狮子。（ ）

（4）设计师别出心裁地把狮子的头雕刻成胡夫国王的形象。（ ）

6.把课文读给爸爸、妈妈听，让他们来评评分：

朗读情况	家长签名
很好□ 较好□ 一般□	

论 学 习

1.写一写：

亦						
恒						
废						
毅						

2.比一比，再组词语：

毅（　　　）　　循（　　　）
殿（　　　）　　值（　　　）

譬（　　　）　　勉（　　　）
壁（　　　）　　励（　　　）

发(　　　　)　　　每(　　　　)
废(　　　　)　　　敏(　　　　)

3.读课文，填空：

(1)我们必须反复温习，才能______，______。光“学”而不“习”，结果是______学______忘，收不到______，学习的兴趣______。“习”还有另一方面的意义，就是______或者是______。就是把学到的知识运用在______中。

(2)我们要做时间的______，______安排时间。______是______的时间，我们也不______放过。学习，要看作人生______的事情，既要______，又要______，还要“时”，这样才能学习好。

4.选词语填空：

(1)实习　实践　实验

老师带我们去工厂______。

他一个假期都在做______，忙得不得了。

人的正确思想只能从社会______中来。

(2)快乐　欢乐　高兴

祝你生日＿＿＿＿！

节日到了，大街小巷都充满着＿＿＿＿的气氛。

今天的参观，谁＿＿＿＿去就去。

5.造句：

理解＿＿＿＿＿＿＿＿＿＿＿＿＿＿＿＿＿＿＿＿＿＿＿＿

甚至＿＿＿＿＿＿＿＿＿＿＿＿＿＿＿＿＿＿＿＿＿＿＿＿

运用＿＿＿＿＿＿＿＿＿＿＿＿＿＿＿＿＿＿＿＿＿＿＿＿

譬如＿＿＿＿＿＿＿＿＿＿＿＿＿＿＿＿＿＿＿＿＿＿＿＿

6.朗读课文。

1.写一写：

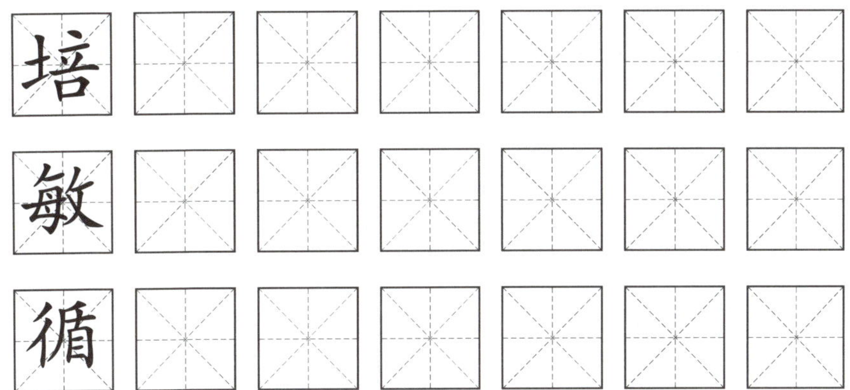

2.选字填空：

学习还必___(需　须)___(循　盾)序___(惭　渐)进。首先要学那些基___(出　础)的东西，___(根　跟)本的东西。___(避　譬)如盖房子要先打好地基，没有___(扎　孔)实的牢固的基础，房子就盖不起来，___(即　既)使___(免　勉)强盖起来，也会倒___(塌　混)的。

3.填空：

温习________ 取得________

减低________ 武装________

解决________ 厌烦________

扩大________ 检查________

4.读句子，选正确答案填空：

（1）在学习中，我们应坚持____。

A.加以温习把学到的东西和实践

B.加以温习和实践把学到的东西

C.把学到的东西加以温习和实践

D.加以把学到的东西温习和实践

（2）那儿修建了一个新的旅游点，____。

A.中外到此旅游观光的游人不少

B.到此旅游观光的中外游人不少

C.到此中外观光的游人中外不少

D.中外游人旅游观光的到此不少

（3）我们要不断学习，____。

A.在新的一年中继续做艰苦的努力

B.继续做艰苦的努力在新的一年中

C.做艰苦的努力在新的一年中继续

D.做艰苦的努力继续在新的一年中

5.用句后的词语完成句子：

(1)学了知识，____________________。(却)

(2)____________________，就可以学好。(只要)

(3)没有牢固的基础，____________________。(就)

(4)____________________，这样可以学得快些，学得好些。(一方面…，一方面…)

(5)____________________，我们也不要放过，要利用这些时间来学习。(即使)

6.阅读短文，判断句子，对的打"√"，错的打"×"：

现年61岁的法国前总统吉(jí)斯卡尔·德斯坦从去年起开始学习汉语。前几天，他在电视上以相当准确的发音，用汉语说出了"黑板"二字。

21日下午，他在接受《人民日报》的电话采访时，第一句话就是用汉语说的：瞑《人民日报》吗？"

并且说：“很高兴接受你们这家大报的采访。”采访过程中，他几次用汉语同记者寒暄(xuān)。采访结束时，他又用汉语说：“我的老师也是在中国学习汉语的。”并且还风趣地说：“明年，我要用汉语接受你们的采访。”

这次电话采访是德斯坦先生的秘书处安排的。最初，对中国记者的采访，秘书处感到很为难，说：“他年前的日程已经安排满了。不可能再接受采访。”但是，德斯坦先生听了秘书的汇报后，立即表示：“对中国记者的要求，我不能拒绝。”于是，秘书处安排了这次电话专访。

(1)德斯坦先生以前在中国学过汉语。(　)

(2)他在接受《人民日报》记者的采访时，第一句话就是用汉语讲的。(　)

(3)秘书处最初就安排了电话采访。(　)

(4)德斯坦先生一听是中国记者采访，立即答应了。(　)

1.写一写：

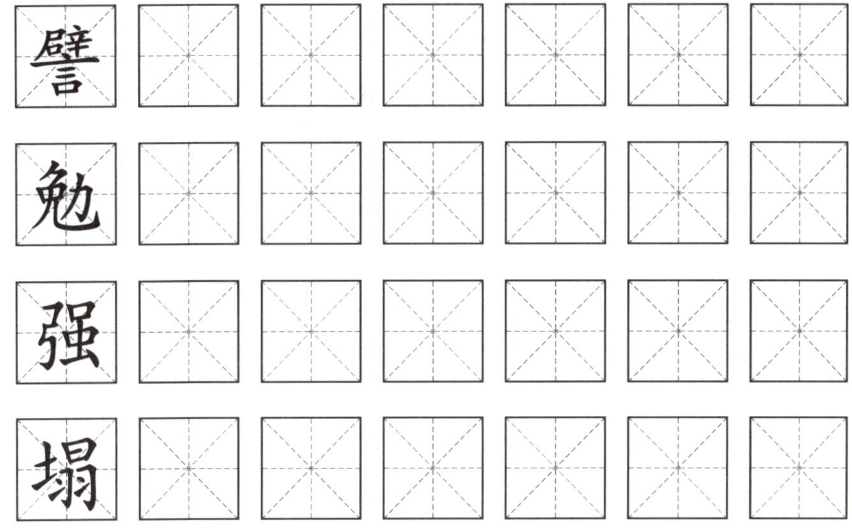

2.比一比，再组词语：

培(　　　)	匙(　　　)
倍(　　　)	题(　　　)
赔(　　　)	起(　　　)
妥(　　　)	说(　　　)
耍(　　　)	悦(　　　)
受(　　　)	脱(　　　)

3.用句后的关联词语，把两句连成一句：

(1)冬天气候寒冷。冬天小河结满了冰。
(因为…所以…)

____

(2)这是零碎的时间。你要好好利用。(即使…也…)

____

(3)原野上的花多。原野上的花开得特别灿烂。
(不但…而且…)

____

(4)他们搬走了。我永远不会忘记他们。
(虽然…但是…)

____

4.标出下列句子的先后顺序：

( )不一会儿，他把鸡吃完了，站起来就要走。

( )一天，一个顾客在饭馆要一盘肉。

( )服务员跟他要钱，他

说："我吃的鸡不是用肉换的吗？"

(　)服务员送来时，他说肉的颜色不好，又换了一只鸡。

(　)服务员接着说："那肉也没交钱呀？

(　)说完，那位顾客就得意地走了。

(　)他马上回答："我没吃肉呀！"

5.改病句：

(1)冬天，和暖的风使劲地刮着。

____

(2)我是奶奶抚养大的，我很感动她。

____

(3)我们从小就要锻炼读书的好习惯。

____

(4)我向方方借了一本语文书籍。

____

6.把下面的短文写完整：

今天，我总结了一下自己的学习方法。我是这样学习中文的……

1.写一写：

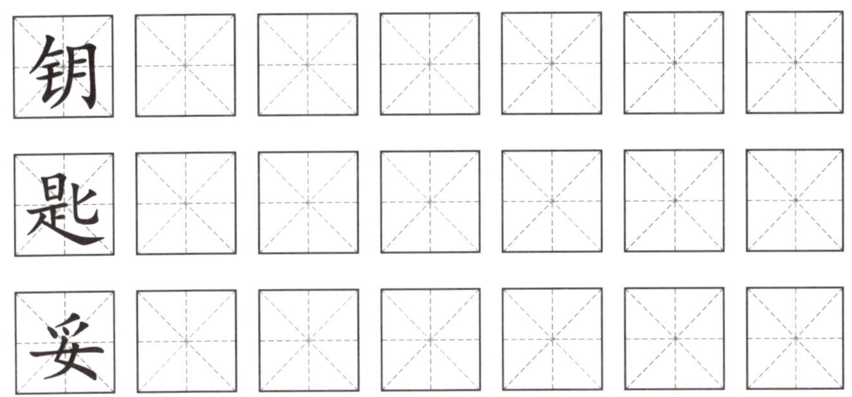

2.选出没有错别字的一组词语，在( )里打“√”：

(1)首先　经检　温习　快乐( )

(2)反复　涂经　牢靠　理解( )

(3)兴趣　实习　演算　理轮( )

(4)领域　牢固　具体　妥善( )

3.填空：

________的基础　　________的事情

________的时间　　________的教育家

________的知识　　________的兴趣

4.在下列加点词语的正确解释旁打“√”：

(1)在那偏僻的小山村里，不是什么病都能看的。

A.发现　B.治疗　C.观察　D.研究

(2)那 120 只小猴，形态各异，惹人喜爱。

A.特别　B.不相同　C.奇怪　D.不寻常

(3)这些食品还能勉强维持三天。

A.强迫　B.不够　C.足够　D.凑合

(4)他对孩子的学习方法一向很关心。

A.有时　B.从此　C.经常　D.从来

5.造句：

扎实________________________________

牢固________________________________

勉强________________________________

轻易________________________________

6 .阅读短文，完成练习：

①传说在很久以前，知了是不会飞的。一天，它看见一只大雁(yàn)在空中自由地飞翔(xiáng)，十分羡慕。于是就请大雁(yàn)教它学飞，大雁(yàn)很高兴地答应了。

②学飞是一件很艰苦的事。知了怕艰苦，一会儿东张西望，一会儿爬来爬去，学习很不认真。大雁(yàn)给它讲飞的道理，他只听了几句，就不耐烦地说：“知了！知了！”

③大雁(yàn)教给他本领，他只试了几下，就自满地嚷道：“知了！知了！”

④秋天到了，大雁(yàn)要飞到南方去了。知了也很想去。可是，他用力扑腾着翅膀，还是没能飞离树梢(shāo)。

⑤这时候，知了眼望着万里长空，只见大雁(yàn)飞远了。知了真后悔自己当初没有努力学习。可这时已经晚了，他只叹着气说：“迟了！迟了！”

（1）第①段的主要内容是____。

A．知了原来不会飞　　B．知了羡慕大雁(yàn)会飞

C．知了请大雁(yàn)教它学飞

（2）这篇短文的主要观点是什么？

____

____

____

（3）第⑤段中的“这时候”是指什么时候？

____

____

____

1 .读拼音，写词语：

nǎojīn ____________　zhāshi ____________　shíjiàn ____________

tuǒshàn ____________　zhēngfú ____________　jīlěi ____________

xúnxùjiànjìn ____________　jiànfèngchāzhēn ____________

2 .用下面的多音字组词语：

xīng 兴(　　　)　xìng 兴(　　　)

hǎo 好(　　　)　hào 好(　　　)

kōng
空(　　　)

kòng
空(　　　)

shǔ
数(　　　)

shù
数(　　　)

3.用关联词语填空：

(1)他______学习成绩很好，______从不骄傲。

(2)这究竟______汉墓，______秦(qín)墓，几位考古学家正在研究。

(3)______大家妥善安排好学习时间，______会取得意想不到的效果。

(4)______多么大的困难，我们______要克服它。

4.写出下列词语的反义词：

快乐______　　减低______

喜爱______　　缩小______

勤劳______　　增加______

赞扬______　　贫困______

5.读句子，用加点的词语造句：

（1）我们要边学边用，知识领域才会越来越扩大。

____

（2）有了基础以后，再结合自己的工作需要，进行专业理论学习。

____

（3）孔夫子把“学”和“习”联系在一起，并指出这是一件很快乐的事情。

____

（4）要把学习看成是人生最快乐的事情，而不是厌烦它。

____

6.读课文，回答问题：

（1）“学”与“习”的关系是怎样的？

____

____

（2）“好学不倦”是什么意思？

____

____

（3）你是怎样利用时间学习的？

____

____

图书在版编目(CIP)数据

中文　练习册(A)·第十二册/暨南大学华文学院编.
—广州：暨南大学出版社，1999.11
ISBN 7-81029-814-3

I. 中…
II. 暨…
III. 对外汉语教学
IV. H195

监　制：中华人民共和国国务院侨务办公室
（中国·北京）
监制人：刘泽彭
电话/传真：0086-10-68320122

编写：暨南大学华文学院
（中国·广州）
电话/传真：0086-20-87706866

出版/发行：暨南大学出版社
（中国·广州）
电话/传真：0086-20-85221583

印制：深圳中华商务联合印刷有限公司
1999年11月第1版　　1999年11月第1次印刷
850×1168　1/16